AF156536

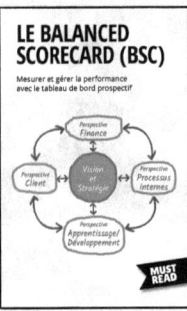

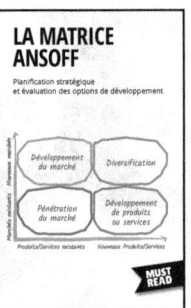
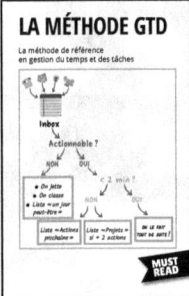

Une publication de Peter Lanore

L'ANALYSE PESTEL

Comprendre l'environnement
macroéconomique externe d'une entreprise

L'ANALYSE PESTEL

L'ANALYSE PESTEL

INTRODUCTION

L'analyse PESTEL est une méthode utilisée en gestion stratégique pour évaluer l'environnement dans lequel une entreprise opère. Elle examine et analyse six facteurs macroenvironnementaux clés qui peuvent avoir une incidence sur les performances et les stratégies d'une entreprise :

- l'environnement politique ;
- l'environnement économique ;
- l'environnement socioculturel ;
- l'environnement technologique ;
- l'environnement écologique ;
- l'environnement légal.

L'analyse PESTEL permet de comprendre les tendances et les changements dans l'environnement dans lequel l'entreprise opère, et de déterminer les opportunités et les menaces potentielles. Elle peut également aider l'entreprise à identifier les domaines où elle doit se concentrer pour s'adapter à l'évolution de l'environnement et améliorer ses performances.

L'histoire de la matrice PESTEL remonte aux années 1960-1970, lorsque les entreprises ont commencé à réaliser l'importance de l'analyse de leur environnement pour élaborer des stratégies efficaces. À l'époque, les modèles d'analyse de l'environnement se concentraient principalement sur des facteurs économiques tels que la concurrence, la croissance économique et les réglementations gouvernementales.

C'est dans ce contexte que le modèle PEST (Politique, Économique, Socioculturel, Technologique) a été développé pour aider les entreprises à prendre en compte les facteurs macroenvironnementaux les plus pertinents pour leur activité. Le modèle PEST a été utilisé pendant plusieurs années avant de subir une évolution pour inclure d'autres facteurs environnementaux.

La matrice PESTEL a été introduite pour la première fois en 1992 dans le livre *Exploring Corporate Strategy* de Johnson, Scholes et Whittington, où elle a été présentée comme une méthode d'analyse de l'environnement plus complète. La lettre L a été ajoutée pour inclure les facteurs légaux dans le modèle d'analyse, complétant ainsi le modèle PEST initial.

Depuis sa création, la matrice PESTEL est devenue l'un des outils les plus couramment utilisés pour évaluer l'environnement dans lequel une entreprise opère. Elle est utilisée dans divers secteurs et industries pour comprendre les tendances et les changements de l'environnement et pour élaborer des stratégies efficaces.

DESCRIPTION

Cette analyse examine six facteurs macroenvironnementaux clés qui peuvent influencer l'entreprise.

Politique	Économique	Social	Technologique	Écologique	Législatif
• Guerre	• PIB élevé	• Habitudes deconso du pays	• Ressources techno-logiques du pay	• Loi de préserva-tion de la faune et de la flore	• Code du travail du pays
• Dictature,	• Inflation des prix	• Le budget par foyer	• Le niveau d'expertise	• Environnement propice pour lancer l'activité (sols, climat)	• Lois liées à l'activité
• Facilitations à la création d'entreprise	• Marchés saturés	• Les tendances dans le pays	• Les dernières avancées (brevets, recherches)		• Permis, autorisations et autres besoins
• Politique de réduction des déchets,	• Taux d'em-prunt élevé pour les entreprises…				
• Taxes élevées…					

- **L'analyse de l'environnement politique** implique l'examen des politiques gouvernementales, des réglementations et des lois qui peuvent avoir un impact sur l'entreprise. Les facteurs à considérer comprennent les politiques fiscales, les politiques commerciales, les politiques environnementales, les politiques de santé et de sécurité, les politiques sociales, etc.

  Exemple 1 : les lois sur la protection de la vie privée et la sécurité des données peuvent avoir un impact sur les entreprises qui collectent et stockent des données personnelles des clients. Les entreprises doivent se conformer aux lois pour éviter les sanctions financières et les atteintes à leur réputation.

Exemple 2 : les changements dans les politiques gouverne-mentales peuvent affecter les entreprises qui opèrent dans des secteurs spécifiques. Par exemple, une entreprise qui produit des énergies fossiles peut être affectée par les poli-tiques gouvernementales qui encouragent la transition vers les énergies renouvelables.

- **L'analyse de l'environnement économique** implique l'examen des conditions économiques globales, y compris la croissance économique, l'inflation, le taux de chômage, les taux d'intérêt, le pouvoir d'achat des consommateurs, les fluctuations monétaires, la fiscalité et les taux d'intérêt, etc.

Exemple 1 : les fluctuations des taux de change peuvent affecter les entreprises qui importent ou exportent des biens ou des services. Si le taux de change est défavorable, cela peut entraîner une augmentation des coûts d'impor-tation et une baisse des profits.

Exemple 2 : les périodes de récession économique peuvent affecter les entreprises qui dépendent de la demande des consommateurs. Les entreprises doivent ajuster leurs stra-tégies pour répondre aux changements de la demande.

- **L'analyse de l'environnement socioculturel** implique l'examen des facteurs sociaux et culturels qui peuvent influencer l'entreprise, tels que les tendances de consom-mation, les changements démographiques, les modes de vie, les attitudes et les valeurs.

Exemple 1 : les tendances de consommation peuvent affec-ter les entreprises qui produisent des biens de consomma-tion. Par exemple, les tendances à l'alimentation saine peuvent entraîner une augmentation de la demande de produits biologiques et naturels.

Exemple 2 : les changements démographiques, tels que le vieillissement de la population, peuvent affecter les entreprises qui fournissent des produits ou des services aux personnes âgées.

- **l'analyse de l'environnement technologique** examine les développements technologiques qui peuvent affecter l'entreprise, y compris les innovations, les brevets, la propriété intellectuelle, les avancées technologiques, les tendances de l'industrie, etc.

  Exemple 1 : les avancées technologiques peuvent avoir un impact sur les entreprises qui utilisent des technologies obsolètes. Les entreprises doivent investir dans les technologies les plus récentes pour rester compétitives.

  Exemple 2 : les brevets et la propriété intellectuelle peuvent affecter les entreprises qui développent des produits innovants. Les entreprises doivent s'assurer qu'elles ne violent pas les brevets des autres entreprises.

- **L'analyse de l'environnement** écologique implique l'examen des facteurs environnementaux qui peuvent influencer l'entreprise, tels que la durabilité, les réglementations environnementales, les changements climatiques, les enjeux de santé publique, les risques naturels, etc.

  Exemple 1 : les changements climatiques peuvent affecter les entreprises qui dépendent de la production agricole, comme les entreprises alimentaires. Les entreprises doivent s'adapter aux conditions météorologiques imprévisibles.

Exemple 2 : les réglementations environnementales peuvent affecter les entreprises qui produisent des déchets ou qui utilisent des matériaux polluants. Les entreprises doivent se conformer aux normes environnementales pour éviter les sanctions financières.

- **L'analyse de l'environnement légal** concerne l'étude des lois et des réglementations qui peuvent avoir un impact sur l'entreprise, y compris les lois sur la concurrence, les normes de sécurité, les lois sur la propriété intellectuelle, les lois du travail, etc.

  Exemple 1 : les lois sur la concurrence peuvent affecter les entreprises qui opèrent dans des secteurs dominés par un petit nombre de concurrents. Les entreprises doivent veiller à ce qu'elles ne soient pas accusées de pratiques anti-concurrentielles.

  Exemple 2 : les lois du travail peuvent affecter les entreprises qui emploient des travailleurs. Les entreprises doivent se conformer aux normes de santé et de sécurité, de salaire minimum et de conditions de travail pour éviter les poursuites judiciaires et les atteintes à leur réputation.

Pour chaque facteur PESTEL, l'analyse implique l'examen des tendances, des risques, des opportunités et des menaces potentiels pour l'entreprise. Les résultats de l'analyse PESTEL sont ensuite utilisés pour formuler des stratégies d'entreprise efficaces, en prenant en compte les facteurs externes qui peuvent influencer l'entreprise. L'analyse PESTEL est souvent utilisée en combinaison avec d'autres outils d'analyse stratégique tels que l'analyse SWOT (forces, faiblesses, opportunités, menaces) pour élaborer une stratégie globale.

COMMENT UTILISER L'ANALYSE PESTEL

L'analyse PESTEL est une méthode utile pour comprendre les différents facteurs externes qui peuvent affecter une entreprise ou une organisation. Voici quelques étapes pour utiliser l'analyse PESTEL de manière efficace.

1. **Identifier les facteurs PESTEL** : la première étape consiste à identifier les six facteurs PESTEL (politique, économique, socioculturel, technologique, écologique et légal) et à rassembler des informations sur chacun de ces facteurs. Cela peut être réalisé en utilisant des sources telles que les sites web gouvernementaux, les publications de recherche, les rapports d'analyse de marché, les journaux et les magazines spécialisés, ou encore les données internes de l'entreprise.

2. **Analyser chaque facteur PESTEL** : chaque facteur PESTEL doit être examiné afin de comprendre les tendances, les opportunités et les menaces qu'il représente pour l'entreprise. Il convient d'identifier les principaux changements qui ont eu lieu récemment, ainsi que les tendances à long terme qui pourraient influencer l'entreprise à l'avenir. Cela peut inclure des facteurs tels que les changements politiques, les évolutions économiques, les tendances sociales, les nouvelles technologies, les risques environnementaux et les développements juridiques.

3. Évaluer l'impact de chaque facteur PESTEL: cela consiste à identifier les risques potentiels pour l'entreprise et les opportunités de croissance et de développement. Par exemple, les nouvelles réglementations peuvent offrir de nouvelles opportunités de marché, tandis que les tendances sociales peuvent influencer la demande des consommateurs.

4. **Prioriser les facteurs PESTEL** : il s'agit de classer les facteurs PESTEL par ordre d'importance pour l'entreprise en fonction de leur impact et de leur probabilité d'occurrence. Les facteurs les plus importants peuvent nécessiter une réponse immédiate, tandis que les facteurs moins importants peuvent être surveillés de manière proactive.

5. Élaborer une stratégie : il s'agit d'utiliser les informations recueillies dans l'analyse PESTEL pour élaborer une stratégie qui prend en compte les tendances, les risques et les opportunités identifiés. Cette stratégie doit être alignée sur les objectifs de l'entreprise et doit être flexible pour s'adapter aux changements futurs.

En utilisant cette analyse de manière efficace, les entreprises peuvent anticiper les tendances et les risques futurs et élaborer des stratégies pour prospérer dans un environnement en constante évolution.

AVANTAGES ET FORCES

L'analyse PESTEL offre plusieurs avantages pour une entreprise ou une organisation :

- l'analyse PESTEL permet de **comprendre l'environnement externe** dans lequel l'entreprise évolue en prenant en compte les facteurs politiques, économiques, socioculturels, technologiques, écologiques et légaux. Cette compréhension peut aider les entreprises à anticiper les tendances et les changements futurs et à élaborer des stratégies pour y faire face ;

- l'analyse PESTEL permet aux entreprises d'évaluer les risques et les opportunités associés à chaque facteur. Par exemple, une entreprise peut identifier les réglementations à venir qui peuvent affecter son secteur et élaborer une stratégie pour y faire face. De même, une entreprise peut identifier une tendance socioculturelle émergente qui peut offrir de nouvelles opportunités de marché;

- l'analyse PESTEL peut aider à **prendre des décisions éclairées** en fournissant une compréhension approfondie de l'environnement externe. Les décisions basées sur une analyse solide ont plus de chances d'être couronnées de succès que les décisions prises sur la base d'une simple intuition;

- l'analyse PESTEL permet aux entreprises d'**anticiper les tendances** futures. En comprenant les facteurs qui influencent l'environnement externe, les entreprises peuvent être mieux préparées à faire face aux changements futurs;

- l'analyse PESTEL peut aider à **identifier les opportunités de croissance**. Par exemple, une entreprise peut identifier une technologie émergente qui peut offrir des opportunités de développement de nouveaux produits ou de l'amélioration des processus existants.

En résumé, l'analyse PESTEL peut aider les entreprises à comprendre leur environnement externe, à évaluer les risques et les opportunités, à prendre des décisions éclairées, à anticiper les tendances futures et à identifier les opportunités de croissance.

INCONVÉNIENTS ET LIMITES

Malgré ses nombreux avantages, l'analyse PESTEL présente également certaines limites et des inconvénients qu'il est important de prendre en compte. En voici quelques exemples :

- l'analyse PESTEL peut **simplifier de manière excessive** la complexité de l'environnement externe de l'entreprise. En effet, en réduisant les facteurs externes à six catégories, l'analyse PESTEL ne prend pas en compte la diversité et la complexité de chaque facteur. Par conséquent, les conclusions tirées de l'analyse peuvent être trop simplistes ou inexactes ;

- l'analyse PESTEL repose sur des données historiques et actuelles. Cependant, l'environnement externe est en constante évolution et cette **incertitude** peut rendre les conclusions de l'analyse PESTEL rapidement obsolètes. Par conséquent, l'analyse PESTEL doit être constamment mise à jour pour rester pertinente ;

- l'analyse PESTEL peut fournir une **surcharge d'informations**, ce qui peut être difficile à gérer pour les entreprises. Il est important de savoir quelles informations sont pertinentes et utiles pour l'entreprise, et comment les utiliser de manière efficace ;

- l'analyse PESTEL ne prend en compte que les facteurs externes qui influencent l'entreprise. Elle **ignore les facteurs internes**, tels que les ressources, les compétences, les capacités et la stratégie de l'entreprise, qui peuvent également avoir un impact important sur la réussite de l'entreprise ;

- l'analyse PESTEL peut parfois inciter les entreprises à adopter une **attitude passive** plutôt qu'active face aux tendances et aux changements externes. Les entreprises peuvent se contenter de réagir aux tendances plutôt que de les anticiper et de prendre des mesures proactives pour les exploiter.

En somme, l'analyse PESTEL peut présenter des limites et des inconvénients tels que la simplification excessive, l'incertitude, la surcharge d'informations, l'ignorance des facteurs internes et la tendance à la passivité.

Voici d'autres inconvénients et limites à prendre en compte lors de l'utilisation de l'analyse PESTEL :

- l'analyse PESTEL fournit une liste de facteurs externes, mais **ne permet pas de hiérarchiser leur importance relative** pour l'entreprise. Par conséquent, il peut être difficile pour l'entreprise de déterminer sur quoi elle doit concentrer ses ressources ;

- l'analyse PESTEL est souvent réalisée par une seule personne ou une équipe restreinte, ce qui peut **limiter les perspectives** et les idées. Cela peut conduire à des conclusions biaisées ou incomplètes ;

- l'analyse PESTEL est souvent réalisée dans le cadre d'un marché ou d'une région spécifique, qui peut mettre l'entreprise face à une **complexité culturelle** et la conduire à des erreurs d'interprétation culturelle. Les facteurs culturels peuvent avoir un impact important sur les entreprises, mais ils peuvent être difficiles à comprendre et à intégrer dans l'analyse PESTEL ;

- l'analyse PESTEL peut parfois conduire à une **analyse paralysante**, dans laquelle l'entreprise est submergée par les défis externes et les tendances à surveiller, et ne parvient pas à prendre de décisions ou à agir de manière proactive.

ALTERNATIVES ET MODÈLES COMPLÉMENTAIRES

Bien qu'elle soit largement utilisée, l'analyse PESTEL n'est pas la seule méthode d'analyse de l'environnement externe des entreprises. Voici quelques alternatives et modèles complémentaires :

- l'**analyse SWOT** (*Strengths, Weaknesses, Opportunities and Threats*), outil très courant, permet d'évaluer les forces, les faiblesses, les opportunités et les menaces d'une entreprise. Il permet de combiner l'analyse de l'environnement interne et externe de l'entreprise, et de hiérarchiser les éléments clés ;

- l'**analyse de la chaîne de valeur** permet d'identifier les activités clés d'une entreprise et d'évaluer leur contribution à la création de valeur. Elle peut aider à identifier les domaines dans lesquels l'entreprise peut se différencier et à élaborer des stratégies de réduction des coûts ;

- l'**analyse des parties prenantes** permet d'identifier les personnes et les groupes qui ont une influence sur l'entreprise, ainsi que leurs intérêts, leurs besoins et leurs attentes. Cela peut aider l'entreprise à comprendre l'environnement social et politique dans lequel elle opère ;

- l'**analyse de Porter** évalue la concurrence dans une industrie en se concentrant sur les cinq forces qui déterminent l'intensité de la concurrence. Elle peut aider les entreprises à comprendre les facteurs qui influencent la rentabilité d'un secteur donné et à élaborer des stratégies concurrentielles.

En résumé, il existe de nombreux modèles complémentaires et alternatives à l'analyse PESTEL, notamment l'analyse SWOT, l'analyse de la chaîne de valeur, l'analyse des parties prenantes et l'analyse de Porter. L'utilisation de ces modèles peut aider les entreprises à obtenir une compréhension plus complète et nuancée de leur environnement externe.

APPLICATIONS

Étude de cas : Lego

Voici comment l'analyse PESTEL peut s'appliquer à la société Lego.

1. *Facteurs politiques* : par exemple, les politiques commerciales et les barrières à l'importation peuvent affecter la chaîne d'approvisionnement de Lego. Les politiques fiscales et les lois sur la propriété intellectuelle peuvent également avoir un impact sur l'entreprise.

2. *Facteurs économiques* : par exemple, l'inflation, la fluctuation des taux de change, les tendances économiques mondiales, la croissance économique dans les pays clés où Lego opère ou la disponibilité du financement peuvent tous affecter la performance de l'entreprise.

3. F*acteurs sociaux* : les facteurs sociaux peuvent affecter les ventes de Lego. Par exemple, les tendances démographiques telles que les changements dans les structures familiales peuvent influencer les produits que Lego devrait produire. Les tendances culturelles et les préférences de consommation peuvent également affecter les ventes de Lego.

4. *Facteurs technologiques* : Lego est une entreprise qui utilise la technologie pour produire ses produits.

Les progrès technologiques tels que les nouvelles méthodes de production, l'automatisation et les nouvelles formes de marketing peuvent affecter la performance de l'entreprise.

5. *Facteurs environnementaux* : Lego a pris des mesures pour réduire son impact environnemental, ce qui est devenu un facteur important pour les consommateurs. Les pressions environnementales, les réglementations environnementales et les tendances environnementales peuvent toutes affecter la performance de l'entreprise.

6. *Facteurs juridiques* : les lois sur la sécurité des jouets, les réglementations en matière de publicité pour enfants, les lois du travail et les litiges peuvent tous affecter la performance de l'entreprise.

En examinant ces facteurs, Lego peut élaborer des stratégies pour faire face aux changements de l'environnement externe. Par exemple, la société peut se concentrer sur la production de jouets écologiques pour répondre aux pressions environnementales. Elle peut également chercher à diversifier ses sources d'approvisionnement pour faire face aux risques liés à l'instabilité politique dans les pays où elle opère.

 Il est difficile de donner un exemple précis où PESTEL n'a pas été utile, car cela dépend de la manière dont l'analyse est menée et interprétée, ainsi que du contexte dans lequel elle est appliquée. Cependant, voici quelques situations où l'analyse PESTEL pourrait ne pas être aussi utile ou pertinente :

- pour une petite entreprise locale opérant dans une zone géographique limitée, les facteurs politiques, économiques, sociaux, technologiques, environnementaux et juridiques peuvent ne pas avoir un impact significatif sur l'entreprise. Dans ce cas, d'autres outils d'analyse tels que le SWOT (forces, faiblesses, opportunités et menaces) peuvent être plus appropriés ;

- pour une entreprise très spécialisée opérant dans une niche de marché, les facteurs PESTEL peuvent ne pas être aussi pertinents, car la société peut être moins sensible aux conditions macroéconomiques et politiques qui affectent les entreprises plus diversifiées.

- dans un contexte très incertain et volatil, l'analyse PESTEL peut ne pas être suffisante pour comprendre les défis auxquels l'entreprise est confrontée. Dans ce cas, des analyses plus dynamiques et des modèles prédictifs pourraient être nécessaires.

POUR ALLER PLUS LOIN

Il existe de nombreuses lectures qui peuvent aider à approfondir le sujet de l'analyse PESTEL et son application pratique. En voici quelques suggestions qui sont d'excellentes ressources pour les professionnels de la stratégie d'entreprise, les consultants en management et les étudiants.

- *Strategic Management: Concepts and Cases: Competitiveness and Globalization* de Michael A. Hitt, R. Duane Ireland et Robert E. Hoskisson. Ce livre est une ressource complète sur la stratégie d'entreprise, avec un chapitre dédié à l'analyse PESTEL et son utilisation dans l'élaboration de la stratégie.

- *The External Environment* de Samir Dani et Moustafa Leonard. Ce livre est une excellente ressource pour comprendre l'analyse de l'environnement externe de l'entreprise, y compris l'analyse PESTEL. Il fournit des exemples concrets et des études de cas pour illustrer l'utilisation pratique de l'analyse PESTEL.

- *Strategic Planning: A Practical Guide to Strategy Formulation and Execution* de B. Keith Simerson. Ce livre est une ressource pratique pour les professionnels de la planification stratégique, et il fournit des conseils pratiques pour l'utilisation de l'analyse PESTEL et d'autres outils d'analyse.

- *Strategic Analysis and Action* de Mary M. Crossan et Michael J. Rouse. Ce livre fournit une introduction complète à l'analyse stratégique, y compris l'analyse PESTEL. Il est conçu pour les étudiants et les professionnels, et fournit des études de cas pour illustrer l'utilisation pratique de l'analyse PESTEL.

- *Essential Tools for Management Consulting: Tools, Models and Approaches for Clients and Consultants* de Simon Burtonshaw-Gunn. Ce livre fournit une introduction complète aux outils d'analyse stratégique, y compris l'analyse PESTEL. Il est conçu pour les consultants en management et fournit des exemples concrets pour illustrer l'utilisation pratique de l'analyse PESTEL.

CONCLUSIONS ET RECOMMANDATIONS D'USAGE

L'analyse PESTEL est un outil puissant pour comprendre l'environnement macroéconomique dans lequel une entreprise opère. Elle permet de dresser une liste complète de tous les facteurs qui peuvent affecter l'entreprise, de comprendre les tendances clés et de prendre des décisions éclairées sur la stratégie de l'entreprise.

Voici quelques recommandations pour une utilisation efficace de l'analyse PESTEL :

- assurez-vous de bien comprendre les liens entre les différents facteurs comment ils peuvent interagir pour influencer l'entreprise ;

- identifiez les facteurs clés qui ont le plus grand impact sur l'entreprise. Cela permettra de hiérarchiser vos priorités et de concentrer vos ressources là où elles sont les plus nécessaires ;

- évaluez les risques pour votre entreprise, ainsi que les opportunités à exploiter. Il est important de prendre en compte ces facteurs dans la planification stratégique ;

- utilisez d'autres outils d'analyse pour compléter l'analyse PESTEL afin d'obtenir une compréhension plus complète de l'environnement externe de l'entreprise. L'analyse SWOT, l'analyse de la chaîne de valeur, l'analyse des parties prenantes et l'analyse de Porter sont tous des outils complémentaires utiles ;

- mettez à jour régulièrement l'analyse PESTEL pour refléter les changements dus à l'évolution constante de l'environnement externe. Cela permettra à l'entreprise d'ajuster sa stratégie en conséquence.

En somme, l'analyse PESTEL peut être un outil puissant pour comprendre l'environnement externe dans lequel opère une entreprise, mais elle doit être utilisée de manière réfléchie et complétée par d'autres outils d'analyse pour obtenir une compréhension plus complète et approfondie.

Votre avis nous intéresse !
Laissez un commentaire sur le site de votre librairie en ligne
et partagez vos coups de cœur sur les réseaux sociaux !

L'éditeur veille à la fiabilité des informations publiées, lesquelles ne pourraient toutefois engager sa responsabilité.

www.50minutes.com

ISBN version numérique : 9782808696326
ISBN version papier : 9782808695824
Dépôt légal : D/2023/12603/1957

Couverture: © Primento

Conception numérique : Primento, le partenaire numérique des éditeurs